La dulce espera

Georgina Lázaro León

Ilustraciones de Myrian Bahntje

VISTA

En un estanque
tibio y cerrado
flota un coquí
que va a ser niño,
como los príncipes
encantados
que se transforman
con el cariño.

Su diminuto
corazón late
como el destello
de alguna estrella
que parpadeando
en la noche oscura
nos hace guiños
de luces bellas.

Con suaves pétalos
de mil flores
un hada teje
su piel de seda.
Y entre suspiros
e ilusiones
la vida avanza,
la vida espera.

Es una magia,
es un misterio,
un canto, un sueño,
una quimera;
como la blanca
liebre que sale
saltando alegre
de una chistera.

De cuatro a cinco días

No lo sabemos.
Tú aún lo ignoras,
mas la semilla
guarda el secreto.
Si serás niño
o serás niña
está grabado
en el boceto.

Dos semanas

Ya no estás solo,
te has agarrado,
como a las faldas
de tu mamá,
a su tejido:
pan, miel y sangre,
que sin saberlo
te sostendrá.

Tres semanas

Como el presagio
de un compás nuevo,
de una poesía,
de una canción,
palpita suave
cual aleteo
el breve anuncio
de un corazón.

Aunque pequeño:
solo semilla,
migaja, germen,
punto, terrón…
todo lo llenas,
todo lo colmas,
todo lo impregnas
con la ilusión.

Cinco semanas

13

Con el cuidado
de un ceramista
un angelito
juega feliz.
Moldea tus
hombros,
brazos y cara,
y la puntita
de tu nariz.

De seis a ocho semanas

Se esmera mucho
al formar tus dedos;
los de las manos,
los de los pies,
como quien juega
con plastilina.
Ha terminado
el segundo mes.

De tu boquita
brotan los labios
como del tallo
surge un botón,
y de tu madre
recibes vida
unido a ella
por un cordón.

Diez semanas

Como pequeñas
perlas marinas
o diminutos
granos de arroz
se van formando
también tus dientes…
Cuando sonrías
serás un sol.

El escultor
que formó tu cara
ha modelado
una maravilla.
En tu perfecto
perfil se marcan
tu naricita
y tu barbilla.

Un duende pone
junto a tu cara
dos orejitas;
son un primor.
La obra maestra
de un gran artista,
cada una de ellas,
un caracol.

De tus deditos
salen las uñas,
blandas, pequeñas...
Son como escamas
que un pececito
fosforescente
te dio en un brinco
al salir del agua.

De once a quince semanas

Ya nos escuchas
desde tu estanque.
Percibes voces,
música, nanas.
Sientes tu cuerpo
cuando te tocas.
Chupas tus dedos
de porcelana.

Un angelito
anima tu rostro,
buscando luces
en las estrellas.
Pinta tus manos,
tu piel retoca
y en tus mejillas
deja su huella.

De dieciséis a veintitrés semanas

¡Cómo has crecido!
¡Cuánto te mueves!
Distingues voces,
y saboreas.
Sientes caricias,
afectos, mimos,
hueles, te tocas,
y parpadeas.

Tus manos cierras
formando puños.
En ellos guardas
una sorpresa.
¿Un astro, un rayo
de sol naciente,
un beso, un pétalo,
una promesa?

De veinticuatro a veintiocho semanas

Se abren tus ojos.
Perciben luces,
perciben sombras;
abren y cierran.
Duermes, despiertas,
sonríes y chupas.
Ya tienes pelo,
pestañas, cejas.

Tu oído sigue
un tic tac continuo:
el pulso exacto
de un corazón
que te sostiene,
que te alimenta,
que te da vida,
que te da amor.

La voz materna
ya te acompaña.
Su nota escuchas
con atención,
y la distingues
entre las otras.
Es melodía,
es tu canción.

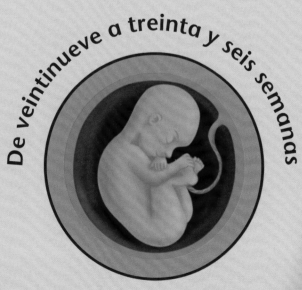

De veintinueve a treinta y seis semanas

Sigues creciendo.
¡Cuánto te mueves!
Nos emocionan
todas tus señas.
En ti pensamos
en cada instante
y nuestras noches
contigo sueñan.

La obra maestra
ha terminado.
Toques finales
apenas quedan.
Ven a estos brazos
que te reciben.
Ven a estos besos
que aquí te esperan.

Treinta y siete a cuarenta semanas

Etapas de la gestación de un ser humano

4 a 5 días

2 semanas

3 semanas

5 semanas

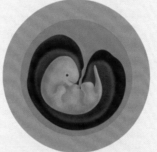
6 a 8 semanas

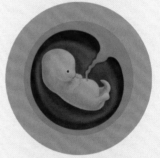
10 semanas

11 a 15 semanas

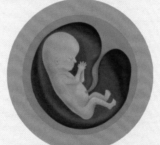
16 a 23 semanas

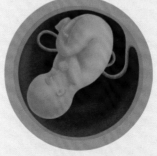
24 a 28 semanas

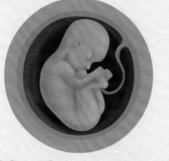
29 a 36 semanas

37 a 40 semanas